Abierta está la herida

*Viaje desde el imaginario de la isla Lagarto Verde,
a través de Cielo de estrellas
hasta la Jungla Milenio Dos Mil*

Honorinda Cecín

Título original: *Abierta está la herida*
© Honorinda Cecín, 2017
© Primera edición, CAAW Ediciones, 2018
    ISBN: 978-1-946762-06-1

Diseño de cubierta: Arnaldo Simón
Edición y maquetación: Yovana Martínez

Este título pertenece a CAAW Ediciones. caawincmiami@gmail.com
CAAW Ediciones es la división editorial de Cuban Artists Around the World, INC.

Todos los derechos reservados. Esta publicación no puede ser reproducida, ni en todo ni en parte, ni registrada en, o transmitida por, un sistema de recuperación de información, en ninguna forma ni por ningún medio, sea mecánico, fotoquímico, electrónico, magnético, electróptico, por fotocopia o cualquier otra, sin el permiso previo por escrito de CAAW Ediciones.

Revivo con las letras, que se mueven ante mí y me acerco a ellas como la infante alumna que se regodea con lo aprendido. Ellas me enseñan, sí, a moverme con cierta prestancia y a dejar acurrucada a un lado mi timidez de danzante sin escena. Me siento libre y corro, corro en busca de las letras que me susurran una nueva y asombrosa asociación de ideas; una frase, tal vez, medianamente altisonante, o el augurio de un escabroso tema. Se me esparce el pensamiento. Me miman, ellas, y me impulsan a destronar los vientos que se enraízan en mi mente. Me sonrío, a veces, como diletante, agradeciéndole a la hierba que me matiza de sus olores y fragancias para verterlas sobre mis letras. Son como los niños, estas, mis letras: aspaventosas, derrochadoras de vocablos y voces que despiertan y alegran. Son urdimbres de metales, que chocan y se atraviesan tratando de llegar a un camino, a una aldea, a un pobre y destronado puente. Casi siempre se refugian en las penas, en los dolores que pregonan su manera de encarar la justicia, la felicidad, la tragedia. Resisten los encontronazos de sus formas y vuelven de nuevo a buscar un verso, una estrofa, un poema que revierta el desastre y las convierta en estancia, canción, endecha... Son el catalejo que me impulsa y me lleva a encontrar mi raigambre de poeta, que yace escondida en las nieves de arena.

Fruto de mi peregrinaje allende la mar es mi poemario. Libre de retoques carcelarios y de conquistas alabanciosas, este se asienta en el paradigma del decoro y en la confluencia de imágenes y hechos que se han esculpido en las nostalgias y el recuerdo. Del sello geográfico se alimenta. La vida colorida de España es para mí un espejo mágico que alcancé casi llegando a la vejez. En ese contrapunto de espacio mítico, se abrevó mi alma desde mi nacimiento. Es en ese mundo de castañuelas y cante jondo, donde lo terrenal-paisajístico es como un afluente que marca el destino del orbe. Si no se ha bebido en las entrañas hispanas, de hecho, hay una cierta pereza que rubrica la obra. Retornar de nuevo al continente que marcó la línea dimensional del descollante abanico de culturas y etnias fue, asimismo, un deslumbramiento emocional. La oportuna variedad del suelo mexicano con sus contrastes de un antagónico desgarramiento, son la anuencia para la proliferación de mi estatuido hasta entonces mensaje. Y al fin, América, la de Washington, la de Walt Whitman y la de tantos otros patriotas-artistas que, aunque no amamantados aquí, son síntesis del patrimonio de esta cadena de culturas que es la América india, africana, hispana y anglosajona alimentada también, desde hace lustros, por una vasta y prolífera fuente de disímiles lares y pueblos. Comulgar con tal variedad de experiencias, asumir el mandato de la libertad y la justicia, juega en el multiforme escenario una especie de catarsis que te obliga a abrir al mundo el retrotraído laberinto de unos versos que han nacido para incursionar en las nostalgias y en el pasado.

Honorinda Cecín
Miami, 2017

*No es una obra maestra.
Es una obra del alma,
marcada por el exilio
que no es exilio,
sino lágrimas.*

A mi hermano Rafael y a mi esposo Alexis,

artífices de mi vida.

A mi hijo y nieta, Alex y Katherine,

alas de mi corazón.

Remembranzas del Lagarto Verde

Al partir

Al partir, el río oscureció su cauce
y la cañabrava perdió su equilibrio de paloma.
Suspendió el cielo su esplendor de soles,
y la cúpula de la pueblerina iglesia,
se acurrucó entre sus nostalgias
de pasados sones.
De fuego, un oculto clamor, se desplazó
a donde el mar yacía con sus lánguidas olas.
Y dentro de un fugaz y agorero misterio,
miles de especímenes emprendieron la fuga.
Se tiñó el tiempo de negro espacio,
entre los túmulos de nombres inciertos.
La judicatura, su brazo fraudulento, estiró,
y las orquídeas desaparecieron.

Yo, ¿quién soy?

Yo, ¿quién soy?
Un pedazo de hielo herido
que derrama sangre helada.
Un témpano vacuo y sin verso,
que solo respira sombras,
que solo vaga en la nada.
A veces, de mí me río;
otras, me acuso y lloro
del esqueleto inconcluso
que persigue mi morada.

De dónde soy

¿De dónde soy?
De la nada.
Un río de brasas
rodea mi cuerpo.
El mundo vuela
a mi alrededor.
Ver nieves,
ocultos mitos,
fantasiosos paisajes,
olores elegantes y gentiles,
fuerzas que aúnan la magia
de la paz.
Navego en un mar de esponjas.
Sacudo mi cuerpo
de encrespadas tinieblas.
Añoro la risa
de un almendro florecido,
la furia de una tormenta en enramada.
¿Dónde está mi niñez sin recuerdos
de muertos con mortaja?
¿Dónde está la visión de las ruinas
de las tablas de una casa?
Anochece, de pronto,
y en el pórtico de mi ausencia
veo desfilar el cortejo de mi sangre,
...sangre doliente, raída, descalza.
¿Dónde estáis... todos?

Mi mar y mi casa

Por la océana mar,
mi casa buscando vengo,
buscando mi casa, por la mar.
Mi vieja casa de penumbras,
mi sucia y cenicienta casa.
Con un largo dolor,
con un incruento dolor
que no me rompe las furias,
ni las nostalgias.
Son estas tristezas los prolegómenos
de un libro de páginas desnudo y sin tinta
donde la escarcha del volumen se asienta
en la inconclusa página de mi infancia,
en mi adolescencia de jirones, desnutrida e incierta,
en mi vetusta juventud de alforjas de silencios, llena,
y en el obtuso y desgarrador encuentro con las memorias
de los ancestros de la tierra de mi padre.
Tierra colorida y de abigarrados fueros,
tierra perdida y rota de mis anhelos.
Y en esta vejez, vejez sin cuasi nimbos de alegría,
me inclino, en este sendero, en esta senda sin memoria
en busca de perdón y de fe.
¡Oh, mi mar, mi casa de vidrios, rota!
Os busco, os busco sin saber.
¿Dónde, dónde... estaréis?

No soy de ningún lugar

No soy
de ningún
lugar
y soy
de todos.
Me aprisiona
una esfera
de coral
y me empuja
hacia profundo
mar
y hacia un cielo
de disímiles
soles.
Camino
en un mundo
sin certezas
en inacabada
ruta
de atropellos.
No soy
de ningún
lugar
y soy
de todos.

Arte y trashumancia

Abierta está la herida

Abierta está la herida.
El arte es un fenómeno
de conmoción, telúrico
que desgarra las entrañas
y te deja ahíto
de un infrecuente dolor
y placer.
No hay secuencia,
hay ensoñación
y catarsis.

Porque el arte es...

Porque el arte,
el arte es sentimiento:
Dolor.
     Agonía.
          Pena.
Solo una minúscula
alegría adorna
su caparazón.
Brota
cuando en el insomnio
se enciende el relámpago
del misterio ignoto.
Alumbra aciertos
y bendecidas mañanas
que irrumpen en la frontera
de las noches.
Hay fe ciega y arrebato,
con alazanes
de donosuras remotas
en su música de sones.
Llega la idea,
cual parturienta,
que desgajada de dolor
se aferra a la flor
de su henchido misterio.
Es emperatriz y rey,
aldeano y ama
que entrelazados
danzan al juego
erótico, logrando
la partitura exacta
que perfila el enigma
del ciclo de amor.

El sueño

El sueño
es mi coraza,
mi origen
marinero.
Navega
junto a mí.

Hay un viento de sur

Hay un viento de sur
que se empotra
en los ramales
y deja el alma
despierta,
como abril.

Bisontes de luna

¡Cómo corcovean las nubes
en la amarilla ventana!
Un nubarrón de ventiscas
asuela montes y almas.
Cavernícolas aguardan
el llegar de las manadas,
manadas de regocijo
para su gente de sagas.
Y... en la punta de sus lanzas,
claveles de cromos rojos,
de roja alquimia pintada,
donde bisontes de luna
abren al mundo su entrada:
del que en barbecho cantó
en los albores del alma.

Estoy obcecada

Estoy obcecada
y terriblemente inquieta.
La sierra ha ensombrecido su verdor
y del monte cuelgan unos legajos
de amarillento color.
La luna se hizo fuego.
Y en la lejanía del horizonte cercano
aullaron lobos del Mediodía.
Una música extrapolar renació
y su ruido seco arropó a la colina.
Lloró el río a su vertiente remota,
y la luna, de quejidos de plata,
ennegreció vidas sin amor.
Ha muerto la magia del momento
y a su paso se recogen residuos de dolor.
En mi caverna, devoradora de sueños,
mi alma suplica por una tenue luz del sol.

Se cocía el azúcar

Se cocía el azúcar en el trapiche viejo,
mientras en el mar danzaban boquiabiertos
esqueletos y riñones.
Un viento azuzaba el ventanal
donde miles de nubes grises dormían.
Estaba la estación tranquila e indecisa
entre los oropeles que vestían
a los dueños de entonces.
La música olía a muertos y a esquirlas
que juntos vagaban por el camposanto
de viejos sacrílegos.
Nacía la noche junto al día,
que solo se apuntillaba
entre hormigas desnutridas.
Las ovejas merodeaban inquietas
dentro de la fogosidad de sus lunares,
que olían a estiércol y a raídos nubarrones.
Caminaba la noche entre los fuegos,
y los ríos vertían su negro caudal
de humanos y enronquecidos quejidos.
La tempranera semilla de azúcar
dejaba oír su llanto en la pelea
de demonios y de santos-negros.
Látigos sonaban por doquier
y de la sumisa tierra brotaba la rabia
de los arlequines que despertaban
ante el dolor de la piel remota,
piel de algazara, de ignoto suelo
y regaliz furtivo.

Relámpagos caían en la pradera
desprovista de sonrisas y besos.
Casuchas de papel danzaban
ante la furia de los vientos
que impulsaban quejidos
y ayes sonoros.
Las sombras amanecían en la noche
de los crípticos tiempos
y de la tierra del justo nacía la bondad.
Colgado, en un rincón del citadino museo,
el aguafuerte desgranaba su misterio
de siglos y de muertes
y de la esperanza de paz.

Llueve

Está lloviendo en la incansable
oquedad de los páramos.
Se pierde el monte en el irascible
azul de los vencidos patricios
que otrora derramaban justicieras
victorias. Rumia un animal de blanquecina
opulencia en la sucia y vacía
merindad de los recuerdos.
Duerme en piedra el rey de los tesoros,
mientras le llegan mensajes de rojas
codornices que calientan sus nidos
con huecas hojas de almendros muertos.
Llegado ha el abierto paraíso
que endulza envenenados juguetes
hechos por manos de robots-fantasmas.
Los helechos no son ya los que antes figuraban,
parecen cadenas de configuración leonina.
Un tramo del mar yace y se arrincona
para así no sentir que la música es de duelo.
Dormito entre los arcaicos neandertales
que una vez forjaron la sonrisa
y hoy, hoy se transmutan
para esconder sus miedos
al mundo de los hambrientos,
hambrientos y genocidas hombres-lobeznos.

En la cárcel fría

Aquí, en las paredes
de mi cárcel fría.
De aquí para allá,
en la columna umbría
que me arropa…
y que me motiva,
¡quién sabe!... quizás,
a estirar mis manos
de avellanas rotas,
y a escribir garabatos
en papeles de cenizas
y sin hojas.

Mis versos

Sois un pequeño regimiento
desclasado y anárquico
que lucha por sobrevivir.
Pero... el hado,
el hado solo escucha clarines
cuando la trompeta
está engastada en marfil.

Tiempos sin tiempos

Tiempo muerto

¡Qué tiempos sin tiempos!
¡Qué entumecido cansancio!
El lastre agoniza con su carga
de escombros y una lastimera
sonrisa encoge su árbol muerto.
El gozne da un chirrido
espeluznante y en la alberca
que otrora soñaba a paraíso,
una rana yacente se adormece
sobre la jungla del recuerdo.
Es el momento de los trinos
tristes y del pesar de los hechos.
Junto al resonar de las vacías
cazuelas luce cimbreante
el relucir de un inamovible enojo.
Ha tocado con el martillar
de los despechados y hambrientos
la lunática espera de un devenir sin tiempo.
Es el tiempo del tiempo
que toca a muertos, donde yace
la esperma del árbol muerto.

La vorágine del tiempo

La vorágine del tiempo
escupe su carga diabólica,
mientras los herbolarios
crecen sin sensatez.
Hay una niebla oprobiosa
que nutre la accidentada
planicie de los campos
silvestres.
Las rosas han perdido
su color y, enajenadas,
las gentes caminan
sin su pena ocultar...
El día se ennegrece
con la lluvia,
y los ríos, secos y oscuros,
son una densa masa
que llora la inmediatez
de los acontecimientos.
Una boca, sin dientes,
esboza una perdida sonrisa,
y de sus ojos, minúsculas
fuentes de terror,
vuela una mosca sedienta y loca.
Se ha disfrazado de lobo
el ángel de la iglesia cercana.
Todo sucumbe al hechizo
de la rutina sin tiempo.
Hay una soledad sin ausencia
y el mar camina hacia adentro,
dejando los vestigios

de las horas muertas.
En el parangón de la mesura,
corren los helechos
desprendidos del abrojo.
En la cornisa, el viento
aúlla sin moderación.
Solo, en una esquina,
adelgazado en su timidez,
el reloj retuerce el retomar
del momento.
Se acerca el monte al establo
y sucumbe ante la espasmódica
hilaridad de las hienas.
La vejez no existe.
Ha caído en la vitrina
sin fondo de la curvatura
del odio y del engaño.
Hay anuencia
para el crimen y los despojos.
Y el espejo refleja
la caricatura de la infancia,
donde la risa es solo
el halo triste de la juventud.
Se ha rendido el decoro al ocaso
y los tributarios exhalan
un último suspiro
a las apariencias de lo poseído.
Vestido con transparente sinuosidad,
el sol yace en la ondulante
brújula del tiempo.

Me persiguen los tiempos

Me persiguen los tiempos
de mi insensatez viajera.
Lastimosa constancia
de un recuerdo de cruces
que cual umbrío bajel
retorna entre ruinas
a su viejo portal
de sonrisas
sin lunas.

¡Qué lejos están!

Retozo en la laguna
de mis sueños.
¡Qué lejos están!
A ratos, me siento
a solas
con mi mente
a divagar.
Camina
un entarimado,
canta la sierra
al pasar.
Todo es vetusto
y cansino,
todo conmina
a llorar.
A veces creo
que sueño, otras,
me vuelvo
a la mar.
Y en el ulular
de olas,
dejo el cielo
donde está,
porque alcanzarlo
es de ciegos
que no quieren
caminar.
El mar
se acerca despacio,
me mira

y después se va.
Y en el horizonte
adverso, donde no
hay música ya,
mi aliento, vestigio
ignoto de lo cruento
por pasar,
traza muy hondo,
muy hondo, las súplicas
de mi andar.
Camino despacio
y lloro, lloro
para descansar.

Castañas

Venid, castañas, venid.
Estáis en el cielo de mi infancia,
en mis sueños de oro viejo,
en mis tristes sonrisas de hogaño,
en la cúpula del verde monte,
y en los soñados espacios
donde no nací, y apenas viví.

Mirar hacia adentro

Mirar hacia adentro
ha perdido su esplendor.
Se ha derrumbado.
Solo cuenta hoy
la sordidez
de un despeñadero
que deglute almas de fe.
Se paladea con fruición
de ostentoso *dandy*
la dorada sonrisa
de las monedas
a buen recaudo.
Un juego parece ser
la acumulación
de poderes omnímodos.
La gente ¿vegeta?
ante la inverosímil nube
de cuentas,
que se le encima
mes tras mes.
Has nacido en la montaña
de las fieras, de los peces
que se engullen,
de la nostalgia del sueño,
del incipiente amanecer.
Cabalgar es la expresión
del poder, del derroche,
del no ser.
Se ha derrumbado el sol,
¿pero acaso no son las
ruinas, la veneración
de lo que aún es?

Los cúmulos

Vendrán entre los cúmulos
del tiempo, nuevas fauces
que trasnocharán y, ocultando
sus máscaras sin nombre,
veloces tornarán a enmudecer
nuestra trastienda.
Vacía, sin reproches,
de su tinte rosa,
la luna se desnudará.
Y un diluvio de esperpentos
de raídas voces se ocultará
en las rocas-cielos
de tremebundas noches.
Apresados en el holocausto
de jardines de hinojos,
los vientos llorarán
ante la furia fratricida
del árbol genealógico.
Mas vendrá una lluvia azul
con puentes verdes
y, arremolinándose ante el frontón
de los ciclos rupestres,
regará con la gracia
de los tiempos sin insomnio,
una amalgama de claveles rojos.

Tinta de mi sangre

Son mis versos
tinta de mi sangre,
solo eso.
Lo demás son efluvios vanos
de mis penas locas.
Arrasan por doquier
y me enclaustran en eternos
acordeones con música luctuosa.
Corren después y me aúpan
en fantasmagórica alabanza.
Cientos de voces están escondidas
zarandeándome cual barcaza
en tormenta de tinieblas.
Es espasmódico el algoritmo
alucinante de números
que se truecan en fatídicas
vertientes de ocasiones.
En una espera de agorera
abulia, trina el sinsonte
desacompasado.
Se han vertido lustros
de una alquimia que es
solo el repujar de sueños
malolientes.
Gime el día por su luz
y la noche es solo el despertar
de una agonía.
A tientas busco en mi bolso
de espumas, aquel retrato
de esperanzas vanas,
que otrora lucía la arrogancia
de una diminuta figurina lozana.

Fuga del tiempo

Llueve en el patio de mi casa.
Es una lluvia escapada del cielo
que ilumina con sus gotas
el círculo de mi vida.
A veces, me mira y ríe,
y su sonrisa alberga
los días de mi tristeza.
Largamente, después, a punto
de esconderse, viene hacia a mí
y conversa con la flor de mi corazón.
La encuentra marchita sin retoños,
y enjugándose una lágrima,
que furtiva escapa, se sienta
en el alféizar de mis recuerdos.
Exprime gota a gota aquella
saga que envuelve mi nido
de gorriones y, adelantándose
entre los candelabros
que iluminan el cansancio
de mis noches, evoca el caer
de las aguas de un río
que se pierde en una cueva
entre las raíces de una ceiba añosa y solitaria
junto al pitido de un remoto
tren, de gastados, enfermos raíles,
orquestan la sublime música
de unos años, cientos, cientos ya,
que se enclaustran entre mis huesos
como la peregrina imagen
de la fuga del tiempo.

Es una marcha cruzada

Es una marcha cruzada,
sin benevolencia, fortuita.
Te cueces en el miedo,
en la avalancha del misterio,
en la orgía de las cabezas rapadas,
en los milenios de aventura,
de trasiego, de trashumancia,
de mojadas y sucias espaldas,
de enardecidos y efervescentes rosarios.
La noche llega callada, plausible,
en el monte, en el pantano,
en el remoto desierto.
El camino es una espina,
un lamento, una esperanza.
Por ratos, te desmayas, agonizas,
otras, enciendes la memoria
a ultranza. Las pesadillas
levantan heridas y el momento,
el momento es de acusar
el sentido, con bonanza.
¿A dónde llegar?
A un mundo inimaginable,
ya descubierto. Te yergues
a los cielos. Cielos con estigmas,
recelos, manchas.
Vadeas la carcomida
coyuntura de las especies.
Es como un limbo
de estaciones silvestres.
Rumias, te encabritas, ensordeces.
Cada vez más, el paraíso
tórnase irredento y oscuro.

Se tuerce la cadena del misterio.
Te arrimas al precipicio
y la sima te sonríe plañidera.
Es un teatro bufo,
una acuciante llamada,
un trasto roto y mal nacido.
¿De dónde eres?
¿De dónde somos?
¿Cuál es nuestro origen,
nuestra cepa?
Otrora caminábamos
desnudos. Un parche cubrió
nuestras partes pudendas
y el río acabó siendo
una maltrecha y sucia estela.
El día se tornó noche
y en la jungla vocinglera
fuimos monos apocalípticos,
seres de barreras, logotipos
de mensajes, niños *in vitro*,
moscas pasajeras.
Cayó un aluvión de vientres
sin destino, ni techo.
El margen entre lo dicho
y lo pensado es solo
la ruina de lo incierto.
Amanece, mas la noche
persiste en cada imagen
que se descubre fenecida y agorera.
Hemos acercado el tiempo
al hemiciclo cerrado y obtuso
con que el hombre soñó
en su añoranza, cual máquina
de lustrosas quimeras.

La vida es un puente zigzagueante

La vida es un puente zigzagueante
de desesperanzas y dolores.
Caminas y los ángulos del espacio
se vuelven agigantadas briznas,
retorcidas briznas.
De un febril manotazo quisieras
desbrozarlas, acabar con su persistente
luminosidad, con sus tabernáculos
encendidos y sus sierpes
royéndote las penas.
Tratas de no caer, de continuar,
sin permitir que la tristeza
te excomulgue.
Mas en vano.
Un olor a yerbajo seco
y mal nacido se esconde
en las laberínticas entrañas.
Tierra de ralos
e infecundos frutos.
Y en un enorme pedrusco
clama en rezo un epitafio:
«Todo aquí es perecedera
sustancia y jardín descolorido».
Arde la vida y el orden
del caos es un aluvión en masa,
que se detiene en la escena
de carnavales vestidos de sucia
prosapia e iconoclasta porfía.
Al navegar por los vericuetos
de la nostalgia, mi alma
despliega una blanca bandera,
que cae en el pináculo
de la cera.

Quiero escribir versos

Quiero escribir versos
con luz de llama.
Que puedan incendiarse
y quemar el ultraje
que nace cada día.
La lengua es yunque
y juego de palabras
que arrasa
con la espina deforme.
Causa revuelo el abrigo
que arropa al germen
de los que impulsan
la ignominia y el desorden.
Vivimos en tiempos
de presagios ampulosos
y dañinos.
Una boca insana
y otra que busca
un pan sin juicio.
Miente quien ignora
el sucio polvo
y la diatriba arcana.
Los suelos lucen
marchitos y agrietados
dentro del maremágnum
de tropas y orgías.
Una luz de inhóspita
sustancia se agita
y ocasiona violentos
espasmos de odio.

Ríe el mayordomo
en palacio y todo
se desnuda
de un plumazo.
Hay vientres crecidos
y madres que gimen
su yerma estoicidad.
La hora cero es solo
la prolongación
de un tiempo inacabado.
Llora la virgen al pie
del sepulcro
vacío y roto.
Se ha consumado
la esencia del pecado
y mientras las cristalinas
aguas aguardan el ocaso,
rumia sin tregua su devenir,
el arpa triste y sola.

Llueve en la franja azul

Llueve en la franja azul
del orquideario.
Y un trecho de camelias acoge,
en el devenir del laberinto,
a una rústica caja de música.
El espacio se torna gigante
y un aleteo de espumas
engulle el mágico encanto
del riachuelo que languidece
ante el asombroso manto
de sombras verdes.
Ha caído la tarde y, con ella,
un rubor peregrino
de pinceladas rosáceas
abraza al corpulento sol
que detiene ya su imagen
carnavalesca. El viento oculta
su sonrojo de encuentros
y un trinar de lluvia fresca
envuelve al céfiro anochecido.
Se ha postrado el sueño
suburbano y de las raíces
de los árboles enjutos
se levanta un sonido
plañidero y exhausto.
El rocío moja la parcela
del tiempo y, entre el ritmo
apaciguado de pajarillos
sin encierro, vuela la blanca
imagen de una estrella.

Las ruinas indias

Llueve en la enredadera
de los pastos
y el aljibe se vuelve llanto.
Llueve despacio, muy despacio,
como si el mundo ignorase
la marchitez del tiempo.
En las ruinas indias,
se inunda el río en avenidas
y se matiza el manto
en halo verde y escarcha ignota.
Una tinta oculta matiza
un estanque cercano
y las ondas de un aluvión
caen desprendidas
y anegan los circuitos
del encharcado suelo.
Se han vertido siglos
de entusiastas sacrificios,
que han proscrito
al aprendiz de hombre.
Una luna,
ambivalente y marchita,
trasiega
con su clámide gris,
en la última página
de la lozanía
de la historia.

Volver

Volver, volver a mi rincón.
Pero ya con el alma desnuda,
con las manos desnudas,
con los dientes desnudos,
con mi yo, desnudo de esperanzas
y de salvación.

Mis cruzadas

Yo vengo de cruzar mares y tierras
en esta, mi última cruzada.
Cruzada de hierro y sol,
cruzada de la nada.
En ella me hinco y rezo.
Rezo al Señor, a mi fiel escriba
que me hizo sin nada.
Y sin nada me voy.
Con ella, llevo solo mi azada,
mi puente de mimbre
y mis recordadas moradas
donde crecí y jugué,
jugué con la nada,
solo con el cielo, al que siempre,
buscando, miraba
para encontrar mi ruta de sueños,
que lejos, muy lejos, siempre me llevara:
Sin rotas lagartijas y sin odios,
sin alma. Pero, al punto, descubrí
que los sueños no existen,
y que lo real se acumula
como sucias telarañas
en casas sin puentes
y sin benditas cruzadas.

La espera

Te esperé con el ansia
de los huesos rotos
y con el clamor
de la herida luna.
Te esperé en el rincón
de la piel rugosa
y en la gota roja
que me da la vida.
Te esperé con mis miedos,
con mis verdes lunas
y con lágrimas de un adiós,
sin luciente patriotismo.
Te esperé anquilosada
en las grises nubes,
en el jardín de brumas,
y en la creciente del aterido río.
Te esperé con los albores
de rosa lagartija,
del árbol del fruto,
de la misericordia.
Y has llegado, casi,
¡Navidad!
Has vuelto
con tus luces de perlas
y tus caminos
de guerreras nieves
y tu pasajera
 y discordante alegría
a llenar los huecos
de hambrientas golosinas,
con mayores premios

y gestos menores
a entonar con himnos,
de místicos villancicos
a los frugales tiempos
de la melancolía.
Has llegado, casi,
has llegado, ¡Navidad!
Con adornos de rosales,
con tus rojas flores
que anuncian tu paso
lleno de oropeles,
de ricos juguetes,
de orondas y cremosas golosinas,
y de gentil y pletórica amistad.
Has entrado por la puerta
de la real anchura,
por la puerta
que, tal vez,
da alegría y paz.
Pero ¿sabes, Navidad?
Hoy, aquí, a tu cercana espera,
quizás sean mis años,
mi falta de primaveras,
ya no siento, no,
tu aromático influjo,
ni tu fulgor de espera.
Solo hasta mí llega
el olor de sucios latones,
de adoquines derruidos,
de casas sin alfombras,
de chimeneas sin ruidos,
porque se asoma
el gélido mensaje
de las altas cumbres,
de los altos montes
y no hay un carbón,
ni un solo pedazo de muerta

y lloriqueante madera
que alivie y dé calor
a estos vivos, por tu dulce espera.
¿Cómo te sientes tú, Navidad?
¿Con esos paisajes
y desolados hogares
sin tu espera-espera?
Es triste, muy triste,
desconsoladamente triste,
que mientras tú, yo, y otros
acompañan tu espera
con vientres dormidos
por jornadas etílicas
y pantagruélicas cenas,
haya un trozo, un pedazo,
un niño, muchos niños
que no tengan Navidad,
ni suaves inviernos, ni primaveras.

Peregrinos del dolor y del miedo

Peregrino en el tiempo

Peregrino en el tiempo.
Peregrino en la Tierra
y en los misterios.
En el cruce de las palabras
y en los duelos.
Somos peregrinos:
del alma,
del dolor,
de lo incierto.
Caminamos a rumbos muertos,
a tentaciones,
a frágiles barcazas
sin consuelo.
El mundo nos oprime
y en su carga de desdichas
lucimos un báculo
que nos anima a cruzar
por abruptas cumbres,
por desgastados
o encendidos suelos.
Somos el juguete perdido,
el afán sin caricia,
la ruta inacabada,
la brisa que asfixia
sin perdón, sin ruego.
Caminamos
a escondidas
en busca
del mar ajeno,
de las susurrantes sonrisas
del abrigo del monte,
de los guijarros sin espinas,

del retornar del cielo.
Buscamos
el margen que nos dé
el eco de la lluvia
que bendice,
el portalón que amaine
la tormenta,
que aplaque lo ignoto,
lo desconocido.
Buscamos
el colofón del ciclo que nos atrapa
y que nos convierte
en náufragos en tierras ajenas.
Somos
la magulladura
de lo arcaico,
de la etnia y la raza maldecidas,
el jardín sin fruto,
la malevolencia
de los *non gratos*.
Mas, recordad:
Nos afianzamos,
sí, en aquel pedernal
de soldadura
que engarza las raíces
a la tierra,
que besa el pasado
y el presente,
pero que aúlla
para poder abrazar
con vigoroso acierto
nuestro futuro:
el futuro de los goznes nuevos.

Mis lágrimas

Mis lágrimas
son helechos,
finos helechos
que traspasan
e inundan
mi piel.

Recoge mis cenizas

Recoge mis cenizas
para que no se esparzan.
Solo son lágrimas
de mis nostalgias.

Hay flores que nacen...

Hay flores que nacen
en los barrancos ciegos.
Son, quizás,
las más olorosas, tiernas
y hermosas.
Pero, ¡oh, cuánto dolor!,
su vida pende
de su estoicismo,
de su beatitud constante,
de su claridad de aurora.
Han de moverse con fe ciega
y estrujar de sus congéneres
sus impulsos.
¡Oh, amorosa!
¡Cuánto desgaste
en tu vida enhiesta!
El río corre límpido
y fecundo, mientras tú,
acodada en el cieno,
en constante lucha,
emergerás al fin
de la sima abyecta
y proyectarás tu frente
al nuevo oleaje
del festín del mundo.

Tristes abedules

Tristes abedules de naturaleza muerta,
a lo lejos callando, os veo gritar.
Un lloro, y la risa
acalla un suspiro,
un lento abanico parece llegar.
Las sierpes de antaño
revuelven su espanto,
arañan la bruma de un recio cantar.
Y retoñan los huesos de bronces dormidos,
en esta noche de luctuosa oquedad.
Si tornas, no vuelvas,
pedazo de luna.
Tristes abedules,
os caísteis ya.

Fuerzas ocultas

Continúan agazapadas las fuerzas de la muerte.
Llega un ruido que desbroza el silencio de paz.
El aire se ha entumecido dentro de la opacidad
de los hechos y la memoria se refugia en los suelos
donde la sangre ha caído mojando la noche
y destruyendo mañanas de seres sin nombre.
Solo la sonrisa ha quedado evocando la alegría,
que, en un arranque de penas, deviene en mueca
de disturbio, de muerte, de maldad.
La naturaleza revienta por la fuerza del odio
y un cansancio de siglos cae destronando al decoro.
Ayes se escuchan por doquier y en un almacén
rojas almas desgastan sus últimos sonidos.
¿Qué mensaje de infierno nos trae esta roca?
¿Acaso los montes se deshicieron sin la mayestática
rúbrica del Dios-Naturaleza?
Hay una antinomia de fuerzas que acecha a la paz:
lagos de azules nostalgias, cubiertos de estrellas
y mares de embravecida avaricia que pervierten al cantar.
Descargas de fúnebre música enclaustran a los hombres
en tierras, donde el milagro del nacimiento se procreó
en el augusto sendero del dios de la mar.

Misterios y duendes

Ha palidecido la rosa en su rosal de hojalata.
La noche, sombría cadena de miedos, cae.
Misterios y duendes corren por la hierba,
donde sucios juguetes hablan.
Se hace de nieve un pódium y, en él, los duendes
hacen mágicos juegos de misterios.
Queda aletargada la rosa, y su fragancia de hechizo
rueda por el jardín. Los viejos y sucios juguetes
relucen de alegría y recobra el jardín su música de
ensueño.
Temprano amanece y un girasol empina su testa
hacia unos tenues rayos de sol que se agitan
de diversión y esplendor.

Un lento cansancio...

Un lento cansancio
me invade.
Es como el peregrinar
del caminante
que, demudado de dolor,
agita su báculo
de pena arrebolado.
En la desprovista espera
de emociones, saludo
el día quebrado.
Cargada de argucias blancas,
mi alma se consuela
con los trinos de un reproche.
Lentas pasan las horas,
y, al mediodía, de un cielo
que urge a espanto,
escucho, de un tren,
un pitillo lejano
que convoca al llanto.
Medrosa, la tarde,
recoge los restos
de unas flores ralas.
Cae la noche
con la flacidez
de un tiempo no deseado.
Sube el hálito del silencio
y, entre las ruinas
de una tierra en llamas,
una voz firme me grita
que el diluvio,
llegará mañana.

Junto al río Bravo

Estoy rota,
irremisiblemente rota.
Una lengua de fuego
amenaza mi estructura
y me acordona
entre signos sin cambio.
Ha caído una lluvia
de benevolencia fatua
que roza mi imagen
atónita y desacompasada.
Nardos de acíbar riegan
los negros montes
y corren ahítos de miserias.
Junto al ocaso nace una fuente
de marchitas penas que, agitando
con desconsuelo sus misterios,
muere, de repente, junto al oscuro
lecho del río Bravo.

Es una casa de cefalea

Es una casa de cefalea.
La diáspora juega
en el pórtico de su
remota herrumbre.
Ha quemado el lodo
del camino, y de sus pies
henchidos y en ofrenda
cuelgan displicentes
unas lágrimas.
Son lágrimas jugosas,
aquiescentes,
que impertérritas acusan
un dogal de vena inerte.
Han pasado siglos.
¿Cuántos?
¿Cuántas sonrisas
desgastadas,
marchitas?
La niñez se ha vestido
de tinieblas, y el agua,
el agua que riega el manantial
se ha sumido en un estanque de odio.
Hay vertientes
que se atrapan entre sí
y provocan un colapso
de palmeras.
Mas las palmas...
Las palmas son
danzantes cabelleras
que gimen quejumbrosas

por sus fieles que no llegan.
Sufre el cogollo de la caña
por su corte tempranero,
que ya no es cosecha de antaño.
Y en el río de mi pueblo
zozobra una lombriz
de corte austero.
¿Qué acecha a la vida
del caminante que no llega?
Somos la lobreguez
de un espacio cósmico
que no habita, y la cueva:
el espectáculo caricaturesco
de la real naturaleza
del errante que aún espera.
El hombre actual
que bosteza, sufre y llora
en tierra extraña, se tuerce
en el esperpento de un mañana.

Perdida

Es solo
que me siento
perdida
en esta inmensa
boca
de granito
que me come
a pedazos
la garganta,
que a pedazos
de despecho
me come,
que me engulle
entre sus fibras
sin alma.
Este, mi fin,
sin lunas
de castañuelas
y sin el canto
del gallo
que anunciaba
mañanas.

Anuencia

Necesito de la anuencia
para romper con los colores,
con las brumas de las noches,
con lo incierto del despertar.
De la anuencia de los decretos
que no llegan, necesito
para liberar a la realidad.
Necesito de los aires de los nortes,
del azul celeste que me asciende,
del mar inconmovible y eterno
que me abriga en su seno
y me brinda paz.
La paz de los montes,
de las montañas heladas con sus brotes
de serena sensación y libertad.
Necesito, ¡oh, Dios!, huir de los colmillos
del gigante que se incrustan en mi alma,
huir de los rugidos del derrumbe
que llega, Señor, y no me permite
abrigar otros momentos, no de ocio,
no de diversión, sino de la anuencia
para el perdón y para el ejercicio mágico
que libere a mi corazón de los miedos
infaustos que me atrapan en mi dolor.

Tres orillas

En esta orilla
vivo sin vivir.
Es una orilla
sin la inquietud del hambre,
sin la arquitectura lastrada
por la incongruencia del no fin.
En la otra orilla, al sur,
el hambre fluye a raudales,
las viviendas usufructúan
el valor del tiempo
que a destiempo aflora por doquier.
Mas, es mi orilla.
Mi orilla gestora,
mi rincón de juegos,
mi lucidez de sueños.
En ella abrigué la esperanza
y sentí dolores tiernos.
Lloré los silencios de los sauces,
atravesé escenarios de duelos.
Pero cuando en mi buhardilla
bostezó el silencio,
corrí, corrí entre las nubes
en busca de mis ancestrales anhelos.
Y desperté, desperté entre fríos
brazos, brazos sin bondad, de estiércol.
La gélida ventisca destrozó mi alma
y me hizo apurar un olor de fruta herida,
en su aterido invierno.
Sudé lágrimas de miedo

y me hinqué desabrida e incierta.
Manantiales de fuego estrujaron
mi corazón, en aquel lugar desprovisto
de verdades y cielo.
Renació la mentira y, con ella,
mi añeja desilusión y desengaño
que marchitaban al viento y al amor.
Y entre las sombras
que guardaban mis sueños,
corrí, nuevamente, corrí,
y regresé al rincón de la otra orilla,
que no es mi orilla, no, no lo es,
en la que aún, aún lloro y... muero.

Canto a la esperanza

Pandemónium, renos y unicornios

Me ahogo en los mares de odio
y en la fraudulenta astucia
que se derrama por doquier.
Son ríos adoquinados, mares sin vida,
esquelas de hecatombes, herraduras
que relinchan a través de ventanas
y de postigos, de sucios postigos
cubiertos por el frío y la humedad
que corroe a juguetes y almas.
Hay cientos de agujeros perdidos,
cientos de ateridas palomas volando
en intervalos de miedos.
El cielo se desnuda de su manto azul
y se encierra en la cárcel sin cobijas
del llanto y del dolor.
Entregándose a prejuzgar la hechura
de los vientos y del calor,
voces de arpías riegan la maleza.
Cenicienta cae la noche en el álbum
de la ilusión y de la vida,
cenicienta es la luz que se sume
en roncos quejidos de alucinaciones
y de muertas primaveras,
cual pandemónium habitado
por los jueces, donde camina cabizbajo
y pensativo el aletargado reno
de la dicha y de la hermandad.
Mas..., se despierta el invierno en luces,
 en genuinas luces, y de las ruinas del mal,
unicornios de bonanza reabren la fiesta
para la amistad.

Las viejas cuerdas de mi guitarra

Se acercan muy, muy despacio...
las viejas cuerdas de mi guitarra.
Me piden papeles y hojas secas
para mi canto transmutar
en vientres de sonidos:
sílabas, pentagramas, ideas.
Rozan el caparazón de mis anteojos
y derraman una acústica con luces
que se interna en la memoria.
En la memoria de los hombres
y pueblos, ¡sí!, que cantan
de las alegrías,
desahucios, miedos.
Las viejas cuerdas de mi guitarra
se enlazan a través del viento.
Son movibles relámpagos
que empujan mis secos huesos
y me hacen cantar y decir
que la añosa rueda del tiempo
continúa en su ascenso
para desgajar las frías herrumbres
que atenazan los miedos
de los hombres y pueblos.

Somos

¿Alguna vez hemos sido?
¡Quién sabe!
Pero, sí... Somos.
Somos la homogeneidad
dentro de la heterogeneidad
del flujo incandescente
que riega aldeas, montes, ciudades,
escuelas. Somos los colores y caras,
la gente que trasunta, que enriquece,
que se mueve en escalas de surtidores
y pueblos. Somos, sí. Somos abejas,
esforzadas abejas obreras que creamos.
Y producimos la fina y suave amalgama
que surte. Somos surtidores. ¿Lo sabíais?
Somos surtidores del gran regalo
a la humanidad. En nosotros nace
y crece la bondad, el altruismo,
la solidaridad, los sueños que galopan
en busca de verdades, de amor.
Y regamos. Regamos los suelos
con la bienhechora presencia de nuestros
niños-frutos. Ellos son el futuro, el legado,
exento de racismo y de odios con fronteras.
Caminamos.
¿Por qué no caminar?
¿Por qué no luchar en busca de la paz
y del pan? El hombre, los humanos,
abandonábamos las cavernas, nuestros
originarios techos de sombra-luz,
y corríamos al mundo de las fieras,
depredadores del hombre, buscando,

muchas veces, a tientas, un pequeño
milagro que nos hiciera más humanos,
más hábiles para la lucha contra el acecho
del salvajismo y del hambre.
Mas, hoy, ahora, ¡cuánta tristeza!
Somos, algunos, muchos, los que irrumpimos
llenos de odio y avaricia
y desbrozamos caminos ya hechos,
bombardeamos ciudades, ruinas
que cantan a la historia del hombre,
destruimos escuelas y vidas
de pequeños juguetes
que empiezan a soñar.
Sí, ahora…, desde mucho antes,
hoy, ayer, ahora, algunos,
quizás demasiados,
somos los depredadores
que, abonados con la sangre del dinero,
destruimos lo que aquellos, enfundados
en taparrabos y con lanzas, salieron a crear.
Ayer, hoy, ahora, somos, o, ¿no somos?
¿¡Qué somos?!
Después de la gran tormenta de odio
vendrán, tendrán que llegar, en algún ciclo,
las palabras: paz y hermandad

Soy de la especie trashumante

Soy de la especie trashumante
que pinta flores con tristes colores,
con tristes colores de invierno.
Soy la espuma del viento
que abraza carnavales y danzas
que murieron,
que murieron y dejaron
la añeja verja abierta para el regreso.
Soy la dúctil abeja soñolienta
que desgaja margaritas
para hallar alimento,
no alimento descompuesto,
sino alimento
que vivió en las arcaicas
viviendas de los hombres
y que hoy yace en palacios
desgastados por los sueños.
Soy una añosa vieja,
una vieja encerrada
en un claustro sin cielo,
un murmullo apagado
en turbio mensaje,
en una casa gigante,
dentro de un azulejo
de secas raíces,
dentro de una escuela
que promulga votos
que los vientos soplan,
solo para aquellos
que abrazan mentiras

y que abrazan duelos.
Soy un alienígena,
un lagarto dormido
que despierto sueña
que las heridas se curan,
que los odios son remilgos
de pasados tiempos,
que el azul del cielo
y que mi mar de anhelos
se abren ante los ruegos
de los que recalan
ante las puertas
de las cavernas
y de los castillos...
castillos nuevos.

Se me tuercen el tiempo y las palabras

Se me tuercen el tiempo y las palabras.
Palabras sin cincel, sin la gloria de los héroes anónimos.
Impávido es el tiempo que ante mí se asoma.
Impávido es el mercurio del termómetro que mide
mi temperatura, temperatura sin tiempo y sin mañanas.
Tiempo y palabras son las fuerzas que ante ellas
imploro, que ante ellas me hinco y ruego.
¿Llegarán a brindarme la gracia de su regalo?
¡Con qué gusto las siento! ¡Con qué gusto me encanto!
Son alados vuelos del misterio de los hombres,
nos rodean siempre, siempre a nuestro lado.
Fungen de adivinos, mercaderes, zonas sin estado,
almizcles de lujoso aroma, genes de ancestros,
de los tiempos de remotos milenios,
de las argucias de los inciertos letargos.
Miro mis manos, mis dedos, ¡oh, estos dedos y manos!,
giran a ultranza de lo venidero, a ultranza de los hechos
que amenazan y quiebran a la esperanza.
Escribir es un misterio que paraliza el alma.
Te sucumbe en siglos y te sucumbe en la nada.
No quiero, no puedo, volcar mis recuerdos
y mis añoranzas en sutiles vestigios de palabras.
Quiero, puedo y debo volcar mis recuerdos
y mis añoranzas en fuentes de inmortales mensajes
que guarden la memoria de los tiempos y pueblos,
que guarden la memoria de los hechos en palabras.

Índice

Remembranzas del Lagarto Verde
Al partir   13
Yo, ¿quién soy?   14
De dónde soy   15
Mi mar y mi casa   16
No soy de ningún lugar   17

Arte y trashumancia
Abierta está la herida   21
Porque el arte es…   22
El sueño   23
Hay un viento de sur   24
Bisontes de luna   25
Estoy obcecada   26
Se cocía el azúcar   27
Llueve   29
En la cárcel fría   30
Mis versos   31

Tiempos sin tiempos
Tiempo muerto   35
La vorágine del tiempo   36
Me persiguen los tiempos   38
¡Qué lejos están!   39
Castañas   41
Mirar hacia adentro   42
Los cúmulos   43
Tinta de mi sangre   44
Fuga del tiempo   45
Es una marcha cruzada   46
La vida es un puente zigzagueante   48
Quiero escribir versos   49
Llueve en la franja azul   51
Las ruinas indias   52
Volver   53
Mis cruzadas   54
La espera   55

Peregrinos del dolor y del miedo
Peregrino en el tiempo   61

Mis lágrimas	63
Recoge mis cenizas	64
Hay flores que nacen…	65
Tristes abedules	66
Fuerzas ocultas	67
Misterios y duendes	68
Un lento cansancio…	69
Junto al río Bravo	70
Es una casa de cefalea	71
Perdida	73
Anuencia	74
Tres orillas	75
Canto a la esperanza	
Pandemónium, renos y unicornios	79
Las viejas cuerdas de mi guitarra	80
Somos	81
Soy de la especie trashumante	83
Se me tuercen el tiempo y las palabras	85

2018
caawincmiami@gmail.com
www.cubanartistsaroundworld.com

www.ingramcontent.com/pod-product-compliance
Lightning Source LLC
Chambersburg PA
CBHW020018050426
42450CB00005B/524